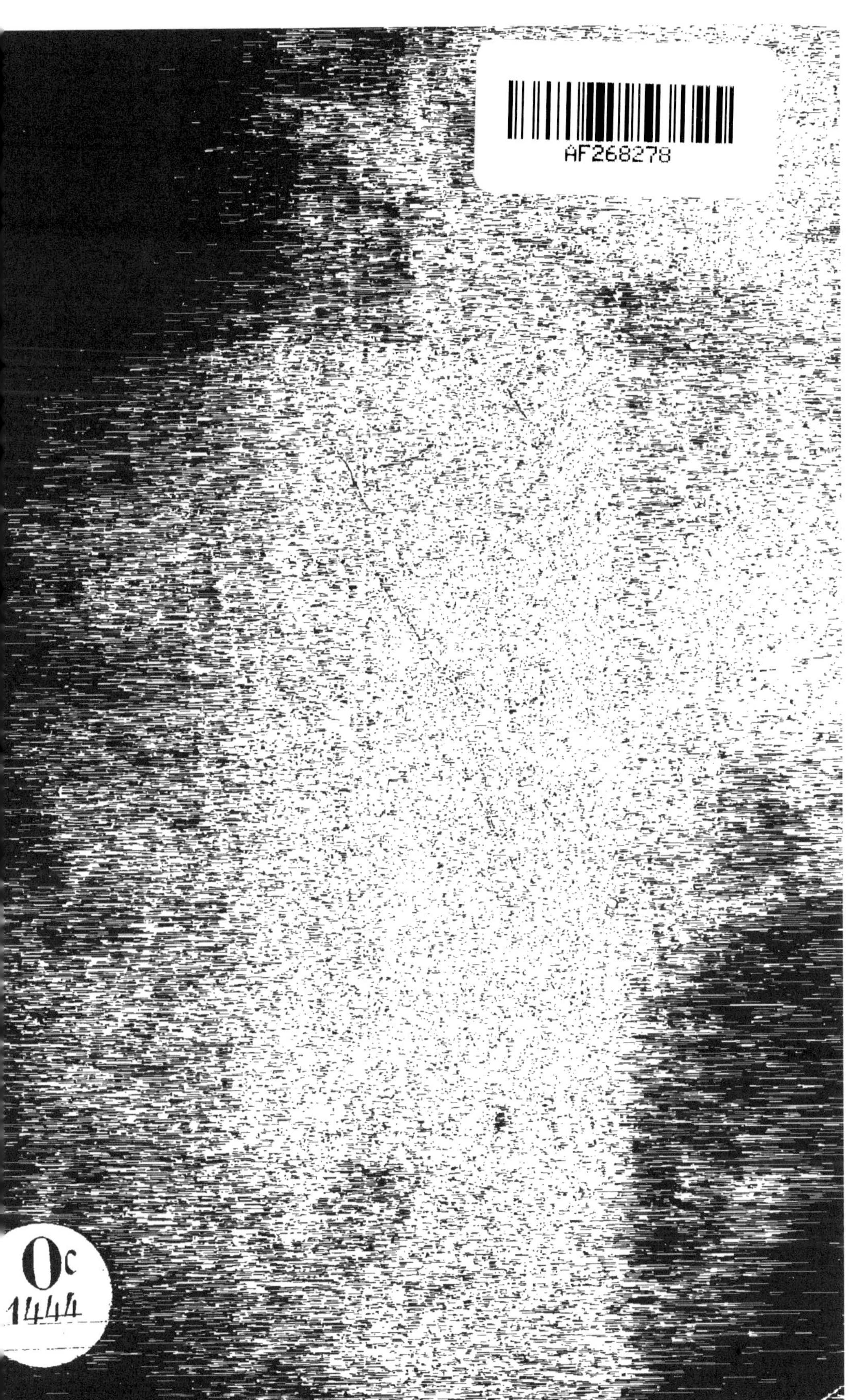
AF268278
Oc
1444

LE
SALUT DE L'ESPAGNE

APPEL

A L'HONNEUR, A LA RAISON, A L'INTÉRÊT

DES ESPAGNOLS

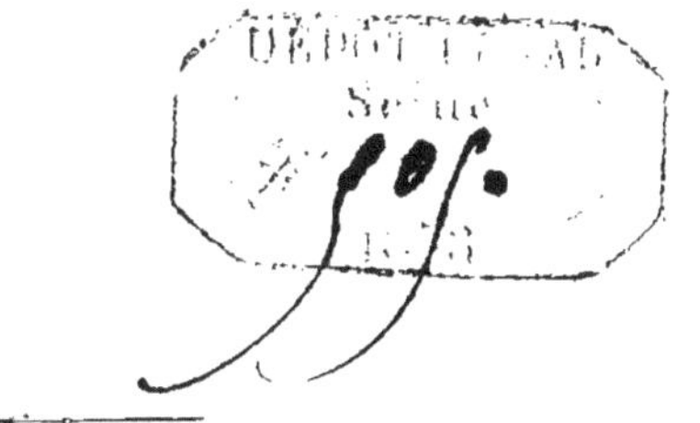

PARIS

IMPRIMERIE DE J. CLAYE ET Cie

RUE SAINT-BENOIT

1873

Chacune des pages de l'Histoire offre d'indiscutables témoignages à l'appui de la thèse que doit désormais soutenir tout ami sincère de l'Espagne, quant à la question de Cuba.

L'Autriche n'est parvenue à se reconstituer qu'après avoir pris enfin la résolution de consacrer à sa régénération intérieure les forces qu'elle épuisait antérieurement, sans aucun profit pour elle, à maintenir sous sa domination la Lombardie et Venise.

Son témoignage nous dispense d'en invoquer d'autres.

Et cependant, il aurait pu être plus éloquent encore, si l'Autriche, triomphant spontanément du sentiment de vanité qui faillit la perdre, avait renoncé d'elle-même à la possession des provinces qui devaient, tôt ou tard, lui être fatalement arrachées par la force!

Plus heureuse en ce sens que l'Autriche, l'Espagne peut recueillir les bénéfices d'une telle résolution, sans attendre qu'elle lui soit imposée par le moderne et irrésistible courant des choses.

Quelque puissante que soit une nation, il ne lui est plus possible, aujourd'hui, de maintenir sous le joug des provinces ayant fermement résolu de s'en affranchir, lors même qu'elles semblent faire partie intégrante du territoire de cette nation, et, à plus forte raison, quand elles en sont séparées par l'Océan.

L'Angleterre a subi cette loi avant l'Autriche.

Avant l'Autriche, l'Angleterre a enduré l'humiliation d'être vaincue, pour aboutir ensuite à reconnaître que l'accroissement de sa puissance résultait du fait dont elle s'était si longtemps obstinée à entraver la réalisation.

A cette loi, la France devra de recouvrer, un jour prochain, l'intégralité de son territoire, et l'Europe son équilibre. Que l'Espagne s'y conforme donc spontanément, et elle aura bientôt reconquis dans le monde l'influence morale, inhérente à la prospérité des nations qui ne basent leur puissance sur l'oppression d'aucun peuple.

Ce qui manque actuellement à l'Espagne pour reconquérir cette influence, c'est la stabilité intérieure. Or, pour consolider les institutions nouvelles qu'elle s'est données, et à l'aide desquelles il lui serait si facile de recouvrer en peu d'années sa puissance, il lui faudrait moins d'hommes qu'elle n'en emploie à exercer un semblant de pouvoir sur une colonie dont les deux tiers déjà sont soustraits à sa domination; il lui faudrait moins d'argent qu'elle n'est obligée d'en trouver pour alimenter une résistance impossible à l'affranchissement de Cuba.

Serait-il jamais entré, par exemple, dans l'esprit des Hispano-Américains de s'affranchir des liens naturels qui les unissaient à la mère patrie, si l'Espagne s'était prêtée à leur affranchissement, dès que le nouveau droit des peuples s'est formulé par la force des choses?

L'Espagne serait demeurée, dans ce cas, l'intermédiaire obligée de tous les Hispano-Américains en Europe; et, au lieu d'assister au triste spectacle de leur flotte bloquant inefficacement la dernière de leurs colonies ravagée par la guerre civile, les Espagnols verraient actuellement leur pavillon accueilli, comme un gage de mutuelle prospérité, dans tous les ports où se parle leur langue.

Cela est tellement vrai que lorsque Iturbide vint à Cordoba jeter, avec Odonoju, les bases du traité qu'aux termes du programme d'Iguala il proposait à l'Espagne, le Mexique affranchi souhaitait encore qu'un Prince de la maison de Bourbon vînt le gouverner, et qu'il dépendit uniquement alors de la mère patrie que l'Amérique centrale lui demeurât indissolublement unie par des liens autrement solides que ceux de la domination.

L'Espagne, guidée alors par la politique rétrograde qui l'aveugle encore de nos jours, refusa d'accepter ce dénoûment avantageux d'une insurrection vivace depuis plus de onze années. Quelque temps après, elle éprouvait deux échecs terribles : son drapeau était humilié à Tampico par Santa Anna, vainqueur de Barradas ; et elle se voyait contrainte à reconnaître l'indépendance souveraine du Mexique.

Au moment où l'Espagne emprunte si difficilement et à un taux scandaleusement usuraire les sommes dont elle est obligée de payer en papier la plus grande partie des intérêts ; au moment où l'Espagne ne saurait se dissimuler qu'un jour est proche où même les ressources de l'emprunt lui seront interdites, si elle ne parvient pas à rasseoir ses finances et à développer ses ressources intérieures, est-il raisonnable qu'elle entretienne au delà des mers, quarante mille hommes de troupes régulières, des milliers de volontaires aussi avides qu'indisciplinés, cinquante navires de guerre, trente canonnières et une infinité d'autres éléments d'oppression, pour anéantir justement l'unique moyen qui lui reste d'échapper à l'anarchie, à la ruine, et au déshonneur dont sa gloire est vierge encore ?

Insistons beaucoup sur ce dernier point, car il n'est pas un Hispano-Américain qui ne soit encore fier de ce que l'affranchissement de son pays ne soit pas l'œuvre de l'étranger.

La loi absolue que l'Autriche et l'Angleterre ont subie sous la pression de la France, l'Espagne ne l'a encore vue prévaloir sur sa volonté que par les efforts de ses propres fils.

Des confins du Mexique, où la révolution fut l'œuvre des conservateurs et des généraux de l'armée espagnole, aux extrémités des côtes du Chili et de la Plata, où il en fut de même, ce sont des enfants de l'Espagne qui ont triomphé de ses résistances; et tous les habitants de ces jeunes Républiques n'avaient encore hier qu'un désir, c'est que la mère patrie ne poussât pas l'aveuglement et l'oubli de sa gloire jusqu'à autoriser, par son obstination, une autre race à intervenir dans la question cubaine.

Malheureusement, l'obstination de l'Espagne menace de donner maintenant un autre cours aux aspirations des Républiques hispano-américaines. Sur l'initiative du gouvernement de la Colombie, déjà ratifiée par les gouvernements du Pérou et du Salvador, elles sont à la veille de s'entendre pour provoquer l'intervention des États-Unis dans la question cubaine, et pour garantir solidairement l'exécution d'engagements que l'Espagne aurait tant d'intérêt à prendre directement avec les Cubains.

L'obstination de l'Espagne ne peut offrir la moindre éventualité de succès, alors surtout que le Cabinet de Madrid est en train de se résoudre à la mesure héroï-

que, impérieusement exigée par les progrès de la civilisation, mais dont l'application sera la ruine des Espagnols à Cuba, en admettant même que les Cubains
veuillent leur demeurer soumis.

La suppression de l'esclavage transforme radicale-
ment les conditions des rapports de l'Espagne avec ses
colonies. Les conséquences de cette transformation
seront indubitablement les mêmes que celles produites
par la suppression de l'esclavage dans les colonies
françaises. Or, est-il un seul homme de sens qui ne
soit d'accord avec nous sur ce point, à savoir, que
la France aurait beaucoup plus gagné à affranchir ses
colonies, moyennant une somme fixe ou une redevance
annuelle, en leur demeurant unie par des traités de
commerce spéciaux, qu'à paralyser leur essor et à
les maintenir à son pied, comme autant de boulets,
pour obéir à des sentiments qui ne peuvent plus
répondre aux aspirations légitimes du progrès moderne?

L'Espagne doit donc s'entendre avec les Cubains et
leur abandonner l'administration de leur île, en échange
d'une somme suffisante pour concilier la mutuelle
dignité des deux peuples, et de traités spéciaux, destinés
à servir de base à la réconciliation de la mère patrie
avec toutes les Républiques hispano-américaines.

L'honneur de l'Espagne est surtout intéressé à ce
qu'il en soit ainsi. Nous ne saurions trop le dire, bien
que notre intention ne soit pas de passionner un débat

qui ne peut au contraire aboutir, selon nous, pour le bien de l'Humanité, que sur le terrain de la froide raison.

L'Espagne, dont l'armée régulière, dont les équipages sont aux ordres d'officiers animés de sentiments honorables, partagés par leurs inférieurs, doit enfin comprendre combien il est humiliant pour elle de voir peu à peu ces officiers, ces soldats et ces marins subir les exigences cruelles de volontaires altérés de rapine et de sang, et encourir, devant l'univers, la responsabilité d'actes réprouvés aujourd'hui par toutes les nations civilisées.

Ces actes et ces exigences, dont les Hispano-Américains sont les premiers à vouloir écarter de l'Espagne la responsabilité funeste, doivent forcément, à bref délai, servir de prétexte à l'intervention des États-Unis, surtout quand la démarche collective, tentée en ce sens auprès d'eux par tous les gouvernements hispano-américains, aura donné à l'intervention des États-Unis un caractère devant lequel devront s'incliner toutes les grandes puissances européennes.

Les Cubains n'accepteront le concours de la race anglo-saxonne que s'ils y sont poussés par le désespoir; mais ils finiront par l'accueillir en libératrice, si l'Espagne s'obstine à se suicider en les y contraignant.

Jaloux de leur indépendance, résolus à la conqué-

rir afin d'élargir ensuite les débouchés de leurs produits, et parfaitement à même, pour cette raison, de
garder, au profit de l'Europe latine, les clefs du golfe
du Mexique, les Cubains veulent à tout prix sortir de
l'inertie fatale dans laquelle l'oppression les maintient.
Il n'est pas jusques aux Cubaines qui ne soient disposées
à rompre avec leurs traditions les plus chères, pourvu
qu'elles cessent d'être les témoins du spectacle atroce
de leurs époux et de leurs fils, quotidiennement mena-
cés dans leur existence et dans leur fortune.

La race anglo-saxonne ne peut être contenue que
par le droit. Les moindres prétextes lui sont bons, si elle
peut les appuyer sur lui; et quand la France elle-même,
à l'apogée de sa puissance impériale, a dû s'incliner
devant elle, est-il possible de croire que l'Espagne
pourra lui tenir tête, dans les conditions actuelles de
son existence? Ne doit-on pas plutôt faire remar-
quer aux Espagnols que, s'ils s'exposent à être misé-
rablement vaincus, dès leur premier choc avec les
États-Unis, ils compromettent les intérêts et la dignité
de l'Europe, en même temps que les leurs, quand il leur
serait au contraire si facile de les sauvegarder, en aidant
à la constitution pacifique d'une nouvelle République
hispano-américaine, intéressée à conserver aux nations
latines de l'Europe la clef du golfe du Mexique?

La pensée de rétablir entre la latinité américaine
et la latinité européenne une communion d'intérêts et

de rapports moraux restera la plus grande du siècle ; mais ce n'est ni par la conquête, ni par l'oppression, ni par la ruse qu'elle peut triompher : c'est par le concours sincère ; c'est par la renonciation spontanée à des prétentions surannées ; c'est par la loyauté dans les relations.

Que l'Espagne apporte à Cuba la liberté, et elle recueillera le prix que Cuba lui doit pour en avoir jadis reçu la lumière.

Il appartient à l'Espagne d'inaugurer la grande politique de réconciliation que la France n'a fait qu'entrevoir, et de rendre ainsi à l'Europe latine son prestige dans le nouveau monde. Le jour où la République cubaine, appuyée sur l'Espagne monarchique, gardera la clef du grand golfe, les relations de la France, promptement rétablies avec le Mexique, et l'union intime des trois Puissances, due à la participation morale du chef de la maison de Savoie à la détermination du roi Amédée, permettront enfin à la latinité européenne d'agir de concert avec toutes les Républiques hispano-américaines, et d'opposer au développement de la puissance anglo-saxonne un développement simultané de la leur.

L'Espagne encourt donc aujourd'hui toute la responsabilité du réveil ou de l'éclipse totale de la race latine ; car les Cubains sont disposés à traiter immédiatement sur les bases que nous venons d'indiquer, bien que la

réussite assurée des expéditions d'armes et de muni-
tions, préparées sur vingt points différents, les autorise
à ne plus douter de leur victoire.

Que l'accord soit conclu, et l'Espagne y gagne non-
seulement d'écarter de son armée et de sa flotte la
responsabilité des horreurs qui scandalisent à Cuba
l'Humanité tout entière, mais de pouvoir jeter immédiatement quarante mille hommes en Catalogne et
dans les provinces basques pour y anéantir les par-
tisans de la réaction dont l'Europe libérale est
menacée; mais de pouvoir consacrer enfin ses vais-
seaux à autre chose qu'à bloquer inefficacement des
côtes dont l'unique vœu est, nous le répétons, d'accueillir bientôt les produits de l'Espagne en échange
des leurs.

L'Espagne gagne de plus, à la conclusion d'un tel
accord, la libre et immédiate disposition de quelques
milliards de réaux. Cette somme est suffisante pour la
soustraire aux prétentions de l'usure, pour relever son
crédit, en assurant le payement en or des intérêts de
sa dette, et pour lui permettre enfin, sa stabilité intérieure étant rétablie, d'exploiter les richesses dont la
Providence a gonflé son sein, et qu'une confiance
trompeuse dans un désastreux système colonial l'a
seule empêchée jusqu'ici de développer et d'adminis-
trer convenablement.

L'Espagne doit surtout prendre en considération

que, depuis le commencement de la lutte sauvage qui
ensanglante Cuba, cette île a cessé d'être pour elle
d'aucun rapport, et qu'avec les conditions nouvelles
faites à ses colonies par l'abolition de l'esclavage, il lui
sera désormais impossible d'en tirer la moindre res-
source, la pacification du tombeau y régnât-elle de
par la cruauté des volontaires.

L'Espagne a trop de bon sens pour ne pas se dire
qu'il faut opposer à sa ruine certaine autre chose
que les stériles protestations de la fraction arriérée
de sa noblesse et de son clergé contre une mesure
réclamée par la civilisation, qui au besoin l'impo-
serait.

Ayant l'instinct des grandes choses, le courage
nécessaire aux grandes résolutions, l'Espagne doit
comprendre que son accord avec les Cubains est
la conséquence logique et indispensable de sa propre
victoire sur le passé ; que, du jour où elle persisterait
irrévocablement, contre toute raison, dans une voie
sans autre issue que sa ruine, elle renoncerait volon-
tairement à tous les bénéfices de cette victoire.

L'Italie et la France emploieront leurs bons offices
à hâter cette solution qui, seule, peut mettre fin au con-
flit engagé, depuis trop longtemps, entre deux races
dont la rivalité ne cessera que quand leur développement simultané aura été rendu possible par la constitution d'un équilibre basé sur l'indépendance de Cuba.

L'Angleterre conseillera aussi à l'Espagne de traiter avec les Cubains ; car, mieux à même qu'aucun autre pays d'apprécier les conséquences d'une annexion de Cuba aux États-Unis, elle sait également, mieux que toute autre nation, ce que souffrent les intérêts de l'Europe occidentale du retard que met l'Espagne à entrer résolûment dans le concert des intérêts modernes.

En renonçant, pour son honneur et pour son bien, à des prétentions surannées, l'Espagne verrait immédiatement s'accroître, dans des proportions immenses et rapides, sa richesse intérieure, dont l'essor est paralysé, moins par les angoisses de son crédit que par son hésitation à rompre avec le passé.

Ceux de ses hommes d'État qui oseront, les premiers, transporter sur ce large terrain la discussion de ses intérêts et le soin de sa gloire, verront avec quelle promptitude les préjugés, même les plus ancrés dans l'esprit d'une nation, se dissipent à l'aspect hardi de la lumière que porte la vérité. Depuis la révolution de Cadix jusqu'à l'avénement du roi Amédée, tant d'hommes ne se sont usés, sans profit pour l'Espagne, que parce qu'ils ont hésité à aborder résolûment le problème de son salut.

Les hommes d'État qui président aujourd'hui aux destinées de l'Espagne s'useraient inefficacement, comme leurs prédécesseurs, et ils compromettraient l'avenir de la Dynastie qu'ils ont appelée au trône, si, se maintenant dans les régions vulgaires des préjugés nationaux, ils hésitaient à accepter le seul moyen qui, nous l'affirmons de nouveau, reste à la Péninsule de garder intact son honneur, de rétablir son crédit, de conquérir la stabilité, et d'exercer dans le monde l'influence que lui assurent son passé, sa situation géographique et le caractère initiateur de ses fils.

Aussi sommes-nous convaincus que le roi Amédée, ses conseillers privés et ses ministres tiendront à cœur de ne pas perdre une occasion si belle d'assurer le salut de l'Espagne. Ils entreront en pourparlers sérieux, sur les bases d'un prompt accord, avec les représentants autorisés que la République cubaine entretient en Europe, dans la ferme résolution de recourir bientôt aux moyens extrêmes, si le langage de l'honneur, de la raison, du patriotisme et de l'Humanité est étouffé auprès des Espagnols, par les entraînements de la passion aveugle et de l'orgueil dénué de sens commun.

PARIS. — J. CLAYE, IMPRIMEUR. 7, RUE SAINT-BENOIT. — [108]

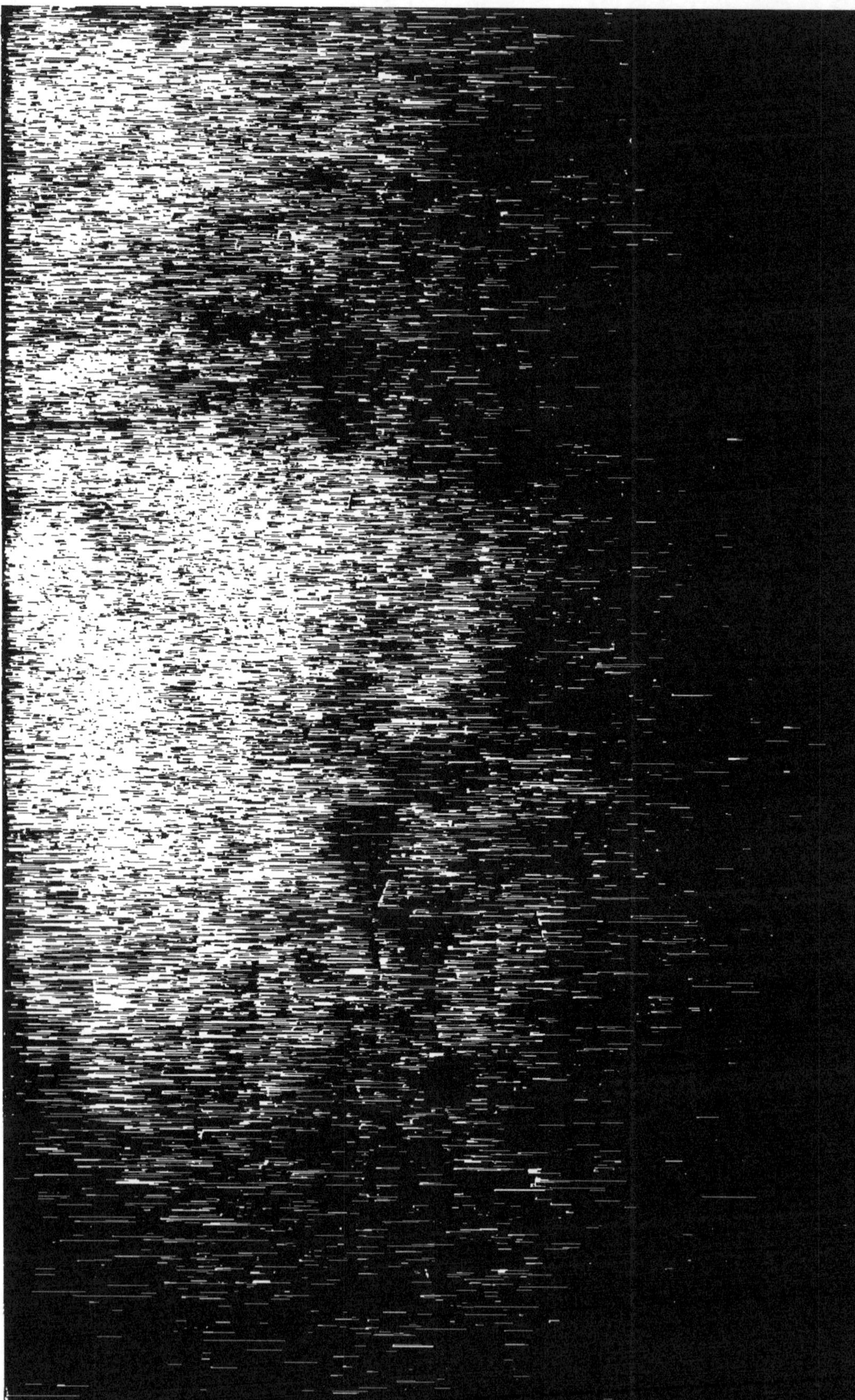